SOY YO O ESO CREO 2

José Javier Caamaño Parada

EDITORIAL

Poesía...
eres tú.

Soy yo o eso creo 2

Primera Edición 2024
© *José Javier Caamaño Parada 2024*

© *Editorial Poesía eres tú.*
http://www.poesiaerestu.com
C/Dr. Fleming Nº50, 4ºD
28036 Madrid
Teléfono: 34 91 999 13 12

ISBN: 978-84-18893-73-5
Depósito Legal: M-6308-2024

SOY YO O ESO CREO 2

JOSÉ JAVIER CAAMAÑO PARADA

Para resolver una torcida enciclopedia teórica

no basta en conocer solo aquello necesario

subiendo a los encantos de lo no gustoso

en evidencia parecida en cuánto emisario

de uno o más enigmas sofisticados y reboso

de la experiencia más tierna en toda frase histórica.

He aquí una radiante eminencia de sabiduría

quién pensaba en su clara imaginación sobrante

que todo esto no solo se enlustrase también perduraría

para fertilizarnos con un preciso aguijón punzante

buscando la siempre esperada curación significativa

dando la posibilidad en equivocar a conciencia la realidad

en un sistema autónomo de sinceridad lucrativa

suspendidos de una fuerte y sofisticada tela de seriedad.

Impera la obligación de proseguir obedeciendo con eficacia

sin volver la mirada de qué color es nuestra sombra

teniendo derechos sin objeciones y pocas decisiones

chocando de continuo con la eficiente burocracia

señalando las bases morales que siempre renombra

que se las pasa olímpicamente por el forro de sus secciones.

Si no resulta de una forma es de una manera

encontrando siempre la convicción más idónea

en participar de un sistema de mutua decisión

para hacer creer con solvencia que siga la tradición

haciendo convencer sin miramientos la verdad más errónea

decantando la balanza de la parte quien gestiona la cartera.

Esperando que los días difíciles pasen enseguida

aconsejan otro apuntamiento para unos años perecederos

sobrecargados de buenas voluntades los consejeros

manteando las promesas sin puerta de salida.

Sigamos mirando al frente con débil autoestima

sacando de lo poco que nos es permitido ignorar

con un puñado de moscas un remanso de esperanzas

recordando aquellos tiempos llenos de añoranzas

que siempre nos volverán a continuar en recordar

voceando sobre la incansable soberaneidad legítima.

En algunas cuantas ocasiones me trato de acordar

si merezco el acceso directo al paraíso celestial,

también me conformaría con algún paraíso terrenal

si queda de cuantas algunas ocasiones trato por recordar.

Me resulta incómodo hacer comprender en lo que no creo

el jabón más perfumado en olores a veces huele a hebreo

y mismo también así soy consciente del racismo ateo

incómodo me resulta hacer comprender a veces lo que deseo

mandando posicionar la visual hacia un enfoque feo

sin saltar los límites ni imaginar que la cordialidad tiene

[empleo.

En algún momento me he parado a pensar y pensé

con el cerebro bien lavado para que luego no me digan

que mis cualidades señaladas con el índice no sigan

siendo fieles escombros por los que todavía apuesto en pie.

Buscando ciegamente acomodo para no entorpecer el prójimo

indoloro de no tener lazos sociales con gitanos innecesarios

si solo sirven infundadamente para criar cizaña y piojos

dando la espalda sin conocimiento alguno sobre el próximo

evento festero para no quedar escaso de ánimos precarios

y que la fiesta prosiga su curso resultada y sin enojos.

Parece que los milagros están de promoción, pague uno lleve cuatro

no salir a la calle sin olvidar previamente de sellar un camino

de esos que son citados seguros y sin guía cual será el destino

posiblemente exista la posibilidad de hacer un retrato

para desbancar que no solamente existe el maná y el vino

dando gracias a Dios que este pueblo avanzará con fe y pergamino.

Rostro pálido desplaza con fuerza hacia las afueras al nativo

mostrando caballerosidad teniendo siempre un prometedor

                                             [motivo

pregonando escabullir con la justa justicia por espacios

                                             [estrechos

bordeando la senda de la gran avenida negada de los derechos

apropiadas las tierras y no conforme conquista también sus

[cielos

hincando su bandera para crear a su semejanza nuevos suelos.

El gran peligro sin dudar ninguna hipótesis es el marciano

acaso se le ha considerado alguna vez un gran soberano

distinguido por sus innumerables hazañas siendo héroe o

[villano

motivos no faltan para inquietarse durante su presencia

en los momentos que nos hace dudar pasando con su diligencia

de que un entendimiento sería agradable para nuestra

[existencia.

Hoy la lluvia cae sincera sobre mi ventana

y me pongo a contar cada gota que cae

cada gota me da una vida para poder volar

regresando en cada gota de vida más sereno de recordar.

Aquí el tiempo se desliza sin demasiados apuros

esperando como de costumbre mi diaria rutina

pero sin perder la sonrisa de los años tan duros

mordiendo un trozo de pan con aroma de encina.

No va a tardar el amor de mi vida en llegar

me da fuerzas para quedar y seguir pudiendo esperar,

la señorita de falda blanca me acerca mi amada

apreciando en cada tacto su rostro en losa estampada.

Cada jueves sin saltar uno nos cuentan una historia diferente

sentados al lado de una chimenea con fuego evidente

me traslada en esos momentos el hogar lleno de gente

donde los señores mayores contaban sus hazañas del frente,

pero cuando se juntaban las señoras muy ocasionalmente

contaban también sus hazañas lavando ropa debajo del puente,

se reían con una sinceridad contagiosa y yo siendo tan inocente

también me reía sin comprender por seguir la corriente.

Es hora de recogerse, estuvo interesante la historia,

la señorita de falda blanca nos acompaña a la habitación

me acomoda en la cama y saludo a mi amada con un achuchón,

mañana será otro día y otro día para hacer memoria.

Pepito y Pepita están sentados tomando cervezas en un bar

escuchando las habladurías de la gente de su alrededor,

siempre lo mismo para no cambiar de los sólitos temas,

la señora Regina a su edad tiene proyectado ponerse a estudiar,

los Palacios tienen por costumbre comer la sopa con un

                                                            [tenedor,

el señor Aurelio tiene la olla repleta de aburridos teoremas.

Incluso hablan sobre el futuro nublado de las nuevas

                                                            [generaciones

renovando sus pareceres para evitar atascarse en meras

                                                            [convicciones

faltaría en contrariar de que cada individuo aporta sus razones

ordenadas por turnos para no delimitar algunas de las

                                                            [conversaciones.

—Entonces a Pepita se le vuelve a ocurrir otra idea

                                                            [estupenda—.

Oye Pepito ¿Qué te parece si damos nuestra opinión?,

sabemos que a nuestras maneras de pensar nadie las defienda

y nos vamos a encontrar un espeso muro acostumbrado a la

[oposición.

—Estupendo Pepita, comienza tú en soltar la rienda—,

Pepita se prepara pensando en adaptar con la mejor opción,

paseando ayer por el borde de la carretera vi un cartel

que ponía, —cambie de marido, le garantizamos esperma

[natural,

sin aditivos ni conservantes, envuelto en paquete de piel,

aproveche ahora nuestra oferta con una prueba semanal—.

La situación empieza a caldearse y se ponen bastante espesos

dirigiendo lo que se puede predecir de sus abiertas miradas

enfocadas en las presas por sí se mueven saltan los sabuesos,

es momento de pasar a pedir otra ronda calibrando las pisadas.

Toca a Pepito dar su parecer y se queda en la línea designada,

paseando ayer cerca de los jardines vi también un cartel

que ponía, —cambie de mujer, le garantizamos uno o varios

formatos saludables para toda corporación sin límites de

[horarios,

no pierda esta oportunidad y visite nuestro amplio plantel,

venga a deshojarla o si lo prefiere le ofrecemos la formula

[doblada.

Desgraciados, acémilas, inaptos de este mundo nos llamaron,

no se les podía decir nada en ese momento de estruendo

que continuaban desahogándose con famosas palabras

[diciendo,

Pepito y Pepita inmunes a tanto escándalo bien se lo pasaron,

disculpen lectoras y lectores si nos hemos pasado de la raya,

hasta pronto con nuevos cotilleos en un sitio dónde nunca se

[calla.

Estoy sentado en un banco del parque lleno hasta la bandera,

observo con atención mi próxima conquista bien escogida

pero se ha entrepuesto una bella morena de falda a ladera,

procuro moverme despacio sin cambios bruscos y la mirada

[recogida,

en estos momentos no tengo una opción demasiado clara,

por el contrario, tendría que invertir en un esfuerzo de cara.

El solo hecho de verlas me altera severamente las tensiones

me pongo tan contento de exigir a toda costa que debe ser mía,

me propongo un cambio inmediato de identidad y funciones

no quiero enterarme de la claridad con que antes me movía.

Prosigo pareciendo normal sin sospecho de una pieza entera,

no la pierdo de vista y entretanto me consisto en preparar

atiendo la más remota posibilidad pues me sirve cualquiera,

la primera que observé se adentra en mi área y la pude aferrar,

me alejo abrazando sus hombros con suma fuerza apretadera,

tengo la alcoba preparada y me apresuro para no hacerla

[esperar.

Me gustan jovencitas con predilección por las adolescentes,

todavía privas de acontecimientos con juegos ardientes,

palpar con mis manos los tiernos y suaves brotes crecientes,

también mientras piden ayuda me emociona su insistencia

me hace experimentar en ser deseado sintiendo mi presencia,

ya las caricias se han alargado y es hora de girar la paciencia.

Le bajo la lencería y la guardo para un posible nunca olvidarla,

aspiro el olor de sus partes más íntimas antes de dejar de

[mirarla,

aúno todas mis energías para lograr satisfacer todos mis

[instintos,

no quiero dejar nada por degustar abriendo todos los precintos.

Finalizada la parte más placentera tengo que completar el

[trabajo,

utilizo una almohada para dejarla con el menor aire posible

así puedo respirar tranquilo y mis alteradas tensiones relajo,

solo me queda en acompañarla en un sitio que no sea muy

[visible.

Me incorporo progresivamente entre la gente que incluso me
[saluda,
con la idea siempre latente de procurarme otra amada
[próximamente,
sin esparcir por el terreno infundadas simientes de duda
hablando con todo el mundo compuesto y sinceramente,
si en algún momento mi imagen pudiera quedarse desnuda
continuaré pendiente de esa libertad en no poder ser
[indiferente.

Unamos nuestras fuerzas para no quedar espetados,

juntemos nuestras risas para no quedar asedados,

caminemos nuestras sendas para no quedar aislados,

esperemos nuestras suertes para no quedar derivados.

Asearse para no quedar exento de juicio finalizado,

escaparse para no quedar a las puertas fiscalizado,

informarse para no quedar de una pieza paralizado,

sonrojarse para no quedar por tonto desmoralizado.

Mentir siempre para no quedar con la concedida verdad,

sufrir siempre para no quedar escaso de sinceridad,

vivir siempre para no quedar pobre en salubridad,

fingir siempre para no quedar al margen de la sociedad.

Desde cuando tomo tanto para no quedar pensativo,

desde donde puedo partir para no quedar en negativo,

desde porqué tengo que hablar para no quedar repetitivo,

desde ahora puedo pensar para no quedar un sensitivo.

Para no quedar sujeto de un hilo voy a reaccionar,

para no quedar prendido de un vilo voy a pasear,

para no quedar sentido de un amor voy a merendar,

para no quedar repleto de fantasías voy a señorear.

Dejé mi puesto a un pobre indefenso para no quedar,

dejé mi familia abandonada e indefensa para no quedar,

dejé mi herencia en urna de incienso para no quedar,

dejé mi juventud dentro de una despensa para no quedar.

Me voy a presentar, me llamo con nombre y apellido

quiero contar unas secuencias de realidad que he vivido,

algunas a nadie han interesado, otras han desbordado,

hablan de la superficie entre vivir de pie y mandar sentado,

buscando ese nivel abstracto difícil de ser dirigido

para coincidir en una pequeña parte entre pensado y decidido,

entre lo que pudo ser y lo que pudo ser condenado,

claro está que es una simple coincidencia lo que yo he ideado.

Empezaré siendo un simple y común ciudadano de bolsillo,

me despierto a una hora establecida pensando en el trabajo,

quiero ser formal llevando con tiempo la hoz y el martillo

para alcanzar en acumular un buen salario de sudor y destajo,

finalizada la jornada regreso a mi casa para poder reposarme,

veo en la televisión celebridades y después voy a acostarme,

me siento en una pequeña parte afortunado de lo que tengo,

por supuesto desearía beneficiar de todo a lo que me abstengo.

Ahora pasaré a ser una científica apasionada con altos estudios,

ejerzo mi actividad en un conocido centro de medicina

lidiando a diario con los sólitos espantapájaros y sus repudios,

no tengo ningún interés en ofrecerme como pan y cezina,

avanzo en mi sector siendo una de las pocas afortunadas

en dar a conocer mis adelantos delante de un gran público,

hablando con serenidad y orgullo de mis ideas enseñadas

pensando también en que un día toda mi obra publico.

Toca ser un gran empresario fumando costosos puros

                                        [habaneros,

con un imperio tan vasto que no tengo empleados sino

                                        [pasajeros,

me encanta narcisear con mi hipermansión a todos los

                                        [invitados,

los acontento con embalses de champán y los manjares más

                                        [preciados,

me levanto temprano para tomar excelente café en lujosos

                                        [hoteles,

poseo una hiperlimousine con mil armarios llenos de las

[mejores pieles,

no reparo en gastos y voy a comprar mi cuarto planeta

visitando mis posesiones espaciales en lomos de un cometa.

Después de tanta abundancia pasaré a ser justo lo contrario,

hace ya un tiempo que mis días se convirtieron en un obituario

aprovechando lo poco y escaso que la calle me garantiza,

tengo un pequeño refugio de fortuna para cuando el frío atiza,

apuntalando mis autonomías me voy creando un espacio

basando mi conformidad del acontecimiento respirando

[despacio,

exigiendo un poquito más de lo que habitualmente suelo

[ofrecerme,

siendo la única verdadera caridad que yo mismo pueda

[aparecerme.

Volviendo a la actualidad, me voy a pasar a la top modelo

endosando lo mejor de la alta costura mi rico corpezuelo,

mostrando en las pasarelas de todo el mundo toda mi elegancia para ello me he preparado duramente dieteando desde la

[infancia,

soy consciente en esta profesión de una durabilidad limitada

pero con mucha suerte y un poco de talento me mostré

[determinada

en alcanzar mi sueño personal evitando ser dinamitada,

ha merecido la pena por todos los premios a los que he sido

[nominada.

Continuando con la actualidad me siento en mi trono de reina,

cada mañana mi dama con hilos de oro fino mis cabellos peina,

diariamente mi agenda desborda repleta de visitas y honores,

endoso para cada ocasión las joyas y vestimentas apropiadas en

[colores,

en los momentos libres e íntimos me llaman la reina de la

[familiaridad

porque prefiero socializar con mis principios sanos sin

[rivalidad,

agradeciendo siempre el carisma de mi pueblo tan amado

bien se merece un buen descanso la intensidad de mi reinado.

Me puse en camino en este momento sin marcar una meta

haciendo constantes paradas voy admirando la meseta,

pasando por pueblos recónditos imagino su historia

forjada de sacrificios y donde todavía se ejerce la pastoría,

probando sus recetas me empantano en buscar las diferencias

entre las más populares y las más conocidas con referencias,

la jornada ha sido propicia para entender que la belleza no es

[escasa,

como se dice habitualmente la tenemos al lado sin salir de casa.

Acabaré este recorrido ejerciendo de un prometente escritor,

protagonista de todos los miedos y grandes pasiones del autor,

removiendo las fantasías para poder acertar con una idea clave

en un sector donde aparecen muchos cerrojos y una sola llave,

la literatura permite un amplio abanico de imaginaciones sin

[límite de edades

pudiendo evadir de lo cotidiano ofreciendo un sinfín de

[variedades,

posiblemente tenga mayor o menor aceptación y suerte

pero me permite construir un asentamiento fuerte.

Si en la mañana dejabas nuestra piedra en la guarida

que solo tú y yo conocemos para poder volver a vernos,

cuando nos encontrábamos nos abrazábamos tan intenso

que nos imaginábamos que el mundo se hubiese detenido

para concedernos ese instante solamente para nosotros,

vivíamos cada maravilloso momento deseando que el tiempo

[se parase,

nuestros destinos estaban claros y nadie podría negárnoslo

y la vida parecía que no tendría por qué en oponerse.

Las estaciones del año nos dan consejos y van vistiéndonos

de previsiones para olear la sensibilidad de las inclemencias,

la guarida queda estrecha, pero seguimos confiantes en nuestra

[piedra

que por poco que signifique nos ha marcado un itinerario

que bien podría llamarse destino, podría, o eso nos parece,

sin embargo, tampoco debemos de lamentarnos demasiado

porque esa señal simbólica nos permite de poder estar juntos,

y la vida parece que no tendrá por qué en oponerse.

Contando las sumas y restas hemos conseguido estabilidad,

pensando por momentos si otra posibilidad hubiese cabido

en aprovechar lo imposible de lo que nos ha ofrecido el

[destino,

aunque también es cierto que ese destino no sería el nuestro,

nuestra piedra la hemos colocado en un lugar de vistas

pues forma una parte de lo que hemos alcanzado hasta ahora

y nos quedará para siempre, aunque nos fallen las fuerzas,

y la vida pareció que no tuvo porqué en oponerse.

Llevo un tiempo pensando en un nuevo proyecto de ampliación

y vagando por todas mis ideas encuentro la cual mejor,

no siendo fácil obtener una respuesta que pueda convencerme

así, sin más, puse mi intención al servicio de la acción

arrancando de un tirón la lengua espinosa de mi peor,

volviendo a desangrar la voluntad que tanto pueda quererme.

Llevo un tiempo pensando en un nuevo proyecto de ampliación

y me convenzo apostando en mecha corta mi sustento

para descuartizar el parecer del que no me sirve de nada,

que solo me aporta preguntas y cada uno con su variación

llevando las respuestas pasadas de fecha de un suplicio lento,

pero van a rodar cabezas y ya tengo preparada la coartada.

Llevo un tiempo pensando en un nuevo proyecto de ampliación

después de someter a dura prueba un esmerado compromiso,

la gentileza ha reaparecido mirando esta vez hacia otro lado

desmigando lo nuestro de cada día ahora ofrecido por ración,

en un punto sin aparte no es necesario pedir un permiso

para encerrar con vida todo lo arreglado y nada perdonado.

Llevo un tiempo pensando en un nuevo proyecto de ampliación

movido por las atenciones de un cercano canto de sirenas

que lastra mis pisadas para evitar los charcos de verdades,

en consecuencia, me transformé en un avispero de educación

eligiendo los venenos más piadosos y preparando las escenas

para hacer saborear y poner a bailar el coro de mis bondades.

Al son de las campanas entramos para adentro de la iglesia

para celebrar el enlace de un familiar y su futura esposa

como manda la tradición y siguiendo con la costumbre

y una vez marido y mujer salimos para afuera de la iglesia

donde caía del cielo una lluvia de arroz y pétalos de rosa

mientras los flamantes casados abrían paso entre la

[muchedumbre

de los que más de la mitad no parecían estar invitados,

pero ya es sabido porque estaban de arriba a abajo mirados.

Los vehículos preparados para partir hacia el restaurante

que no daba tiempo a sentarse pues está poco distante

y durante el trayecto los invitados lanzaban dulces y golosinas

haciendo las delicias de los niños del único pueblo pasante,

llegando me fijé en el alero del tejado con nidos de golondrinas

y el tiempo acompañaba a las mujeres vestidas bien femeninas,

pasamos para adentro y cada uno elegía un puesto donde

[acomodarse,

también habiendo barra libre para quién prefiera su garganta

[refrescarse.

Vi llegar los esposos de su sesión de fotos y me asomé a la

[ventana,

una vez en el interior la esposa me presenta a su hermana,

de lo buena que está me quedé tieso a observar el panorama

y me pregunta si quiero casarme con ella con una sonrisa,

no era el momento con diez años y doblándome ir con prisa,

nos reímos del agradable momento y viendo la comida pasar

tomamos asiento para saborear los deliciosos mariscos del

[programa,

con tan delicioso marisco también a mí me apetece casar.

ÍNDICE